AF603140

MARCEL BUCARD

LA LÉGENDE DE MARCQ

Préface du Général de CASTELNAU

Lettre de S. G. Mgr BINET, Evêque de Soissons, Laon et St-Quentin

« Pour pouvoir tant que son sang coule,
« Crier sus aux fuyards lourdauds
« L'officier tombé sur la face
« Ordonne au caporal qui passe
« De le retourner sur le dos ! »

Edmond Rostand.

" Editions Spes "
17, RUE SOUFFLOT — PARIS (Ve)

25e mille

PRIX : 2 fr. 75

L'Abbé Léandre MARCQ

Lieutenant commandant la 2e Cie du 4e R. I.
Chevalier de la Légion d'Honneur. — Croix de guerre : 3 citations

Né le 14 Novembre 1893
à Bauvin, canton de Seclin (Nord)

MORT AU CHAMP D'HONNEUR

le 16 avril 1917
sur la Route 44, près la Ville-au-Bois (Aisne)

MARCEL BUCARD

LA LÉGENDE
DE
MARCQ

Préface du Général de CASTELNAU

Lettre de S. G. Mgr BINET, Evêque de Soissons, Laon et St-Quentin

« Pour pouvoir tant que son sang coule,
« Crier sus aux fuyards lourdauds
« L'officier tombé sur la face
« Ordonne au caporal qui passe
« De le retourner sur le dos ! »
Edmond Rostand.

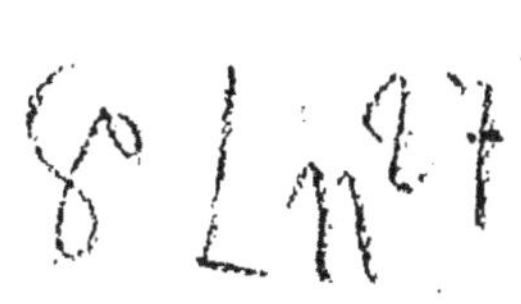

"Editions Spes"
17, RUE SOUFFLOT — PARIS (V^e)

Il a été tiré de cette brochure 20 exemplaires sur Madagascar numérotés de 1 à 20 et 40 exemplaires sur pur fil des Papeteries Lafuma, numérotés de 21 à 60.

A LA MÉMOIRE

DE MON AMI

LE LIEUTENANT MARCQ

dont la mort, face au Boche
fit sangloter ses Hommes
et trembler les fusils dans leurs mains.

M. B.

PRÉFACE

Paris, le 30 juillet 1925.

Mon cher Bucard,

Vous avez recueilli — et dans des circonstances combien poignantes! — le dernier soupir de votre Ami, l'Abbé Marcq, lieutenant, commandant la 2e Cie du 4e R. I., mort comme un Preux, en tête de ses hommes, à l'assaut du 16 avril 1917.

Vous perpétuez aujourd'hui sa mémoire et vous rendez témoignage éclatant de ses hautes vertus : amour de Dieu, amour du sol, amour des hommes. On ne saurait trop vous louer d'une si fraternelle fidélité et de l'acte de piété qu'elle vous a inspiré. Cet acte, au surplus, est une heureuse et opportune apologétique.

Ceux qui n'ont pas fait la guerre, ceux qui n'ont pas voulu comprendre ses douloureuses leçons, négateurs des grandes forces morales, destructeurs de la Foi, essaient en effet de jeter aujourd'hui la suspicion sur la vaillance des Religieux et des Prêtres, combattants comme les autres. Vous ripostez à leurs calomnies par une preuve émouvante et indiscutable.

Au milieu des tristesses du jour présent, alors que nombre de ceux qui payèrent avec surabondance l'impôt du sang se prennent à désespérer et se demandent à quoi ont servi leurs sacrifices, le rappel du sublime exemple donné par Marcq est une consolation et un encouragement fécond.

Il ne faut pas que les survivants de la Grande Guerre — qu'ils soient Prêtres, Pasteurs ou Laïcs — puissent se dire, l'âme pleine de mélancolie : « Mieux eût valu pour nous mourir dans les combats que de voir les malheurs présents... »

Non! ils doivent, au contraire, s'aimant les uns les autres comme hier dans la tranchée, continuer à espérer et travailler à ramener dans la paix la grande amitié de la guerre.

Puisse, mon cher Bucard, les pages brûlantes de cette amitié, que vous dédiez à la mémoire de ce magnifique lieutenant Marcq, apporter à tous ses « Frères dans le Tiers-Ordre de la Guerre » l'aide d'un puissant réconfort!

Bien cordialement à vous.

Général de CASTELNAU.

LETTRE

DE SA GRANDEUR MONSEIGNEUR BINET

ÉVÊQUE DE SOISSONS, LAON ET SAINT-QUENTIN
CHEVALIER DE LA LÉGION D'HONNEUR. — 3 CITATIONS

Soissons, le 21 juin 1925.

CHER MONSIEUR BUCARD,

Un apologiste fameux a dit que le sang des martyrs était une semence de chrétiens. Avec l'âme d'un français de race, votre héros, l'abbé Marcq, avait un cœur de martyr. Il n'est pas possible qu'un si sublime sacrifice chrétien uni à tant de cran militaire n'ait pas semé de l'idéal héroïque sur la route 44 en en faisant une voie sacrée. Il n'est pas possible que sur cette voie et sur tant d'autres se traînent après-guerre des âmes basses se plaisant à haïr tout ce que Marcq et ses pairs en sublimité ont aimé et défendu jusqu'à la mort.

Bien cordialement à vous.

† HENRI BINET,
Évêque de Soissons, Laon et Saint-Quentin.

LETTRE

DU R. P. DOM FRANÇOIS-JOSAPHAT MOREAU

MÉDAILLE MILITAIRE. — CROIX DE GUERRE

Vice-président de la D. R. A. C.

Paris, le 1er juillet 1925.

MON CHER AMI,

Quelle noble idée vous avez de chanter la Légende de l'abbé Marcq!

Parce que vous avez vu les Prêtres et les Religieux avec vous dans la boue de Verdun, de Champagne et d'ailleurs, bien batailler, bien souffrir et bien mourir, vous les avez aimés. Et vous tenez à ce que la semence qu'ils ont jetée en terre lève et croisse.

Marcq est un de ceux qui ont voulu mourir, comme me l'ont dit tant de mes chers poilus « pour que leur mort serve à quelque chose ». Oui, ils ne sont pas tombés en vain, et nous nous y employons! Nous les avons déjà ces profiteurs du sang que nous et les nôtres ont versé.

François-Josaphat MOREAU.
Moine Bénédictin.

L'HOMMAGE D'EDMOND ROSTAND

DE L'ACADÉMIE FRANÇAISE

Au Lieutenant Bucard
le digne successeur de ce
magnifique lieutenant Marcq
— en le remerciant de
m'avoir envoyé un récit épique
— avec l'admiration émue
et respectueuse de Flambeau
dépassé par chacun de ces hommes.

Edmond Rostand.
1917.

MARCQ, dans « l'Ordre du Jour »

« *Pour pouvoir tant que son sang coule,*
Crier sus aux fuyards lourdauds,
L'officier tombé sur la face
Ordonne au caporal qui passe
De le retourner sur le dos ! »

Edmond Rostand.

FRAGMENTS DE LETTRES

DE SES CHEFS ET DE SES CAMARADES

Du commandant Garnier, officier de la Légion d'Honneur, Croix de guerre, 3 citations, ancien chef du 1er bataillon du 4e R. I.

Paris, le 15 juillet 1925.

Marcq!

Quel superbe soldat! Marcq dont la bravoure était légendaire. Marcq dont le nom était synonyme de courage, de bonté et de justice. Marcq que j'avais reçu jeune aspirant encore frais émoulu du Séminaire et qui devait bientôt exciter mon admiration pour les exploits qu'il accomplissait quotidiennement. Marcq, le grenadier fameux dans toute l'Argonne. Marcq, l'abbé, admiré, aimé, adoré de ses hommes. Je ne peux pas penser à mes anciens sans que la grande figure de Marcq vienne aussitôt devant mes yeux.

Hélas Marcq n'est plus! Il est tombé devant le bois des Boches, le 16 avril 1917... Bucard qui recueillit ses dernières paroles a dit comment est mort ce héros. Autre chevalier Bayard...

Mais si Marcq est mort, son souvenir nous reste... Et ce n'est pas sans fierté que je me souviens que j'ai commandé à de tels hommes... Marcq doit être un exemple pour la génération qui monte comme il en fut un pour ses compagnons d'armes.

Du commandant L. C. Eckenfelder, chevalier de la Légion d'Honneur, Croix de guerre, 3 citations. Ancien chef du 1er bataillon du 4e R. I. Mort des suites de la guerre :

Edmonton (Canada), 7 août 1921.

Chaque compagnie avait sa personnalité propre et plaisante... la personnalité de la 2e était extra-sympathique : les Poilus adoraient leurs chefs. MARCQ, qui est mort littéralement, comme un preux des temps jadis, et son survivant, qui était alors un gosse dont je ne peux pas dire tout le bien que j'en pense pour ne pas blesser sa susceptibilité et sa modestie, je ne l'appelle que le chevalier Bucard, c'est un titre qui lui convient.

Or, il a semblé que l'âme de MARCQ, mort comme un héros, de concert avec le courage mordant du gosse qui le remplaça, inspirèrent à la 2e un esprit combattif inlassable.

Quand plus tard, j'ai lu le récit de ses exploits, j'en ai été fier comme d'un titre de gloire pour ma famille.

Du capitaine A. O. Barré, chevalier de la Légion d'Honneur, Croix de guerre, 5 citations. En non-activité pour blessure de guerre : réformé 50 p. 100.

Le 27 juillet 1925.

MON CHER MARCEL,

Pendant cette terrible guerre, deux morts héroïques et exemplaires par-dessus toutes sont restées gravées dans ma mémoire : celle de « l'instituteur » de la C. M.[1] criant : « Je meurs content pour la France, continuez!! » et celle de « l'abbé » de la 2e Cie se faisant tourner « face à l'ennemi » pour mieux mourir.

Comme tu fais bien de « chanter la geste de Marcq »!

Socialiste avancé, mécréant, anticlérical même, je tiens à cœur de rendre à la seule vérité un éclatant hommage.

Marcq soldat, Marcq abbé, je les confonds dans la même affectueuse admiration et le même pieux souvenir. Nous pouvions être séparés par les étiquettes dont on s'affublait avant guerre, jamais sur les champs de bataille, nous n'avons été aussi près l'un de l'autre. Car il était « social » aimant les petits au delà de toute expression, « chrétien » pleinement, comme vous dites...

C'était un apôtre comme on les rêve et un chef comme on les aime. Quelle mort! et qui nous dépasse! et qui restera à jamais ineffaçable dans nos mémoires, à nous ses témoins.

— Ah! qu'on en finisse donc avec ces querelles d'un autre siècle. Nous avons vu trop de braves s'agenouiller sous le signe de croix des prêtres et des pasteurs montant à l'assaut avec nous pour nous arrêter aujourd'hui aux sottises des hommes qui n'ont pas fait la guerre, ni compris ses dures leçons.

Du Marcq, c'est de l'idéal! Et il nous en faut tant aujourd'hui de l'idéal.

A toi de tout cœur.

1. Caporal Isambier.

FRAGMENTS DE LETTRES

DE SES HOMMES

« Le lieutenant Marcq reste toujours présent à nos mémoires. On l'a aimé parce que c'était l'officier vrai, parce qu'il savait aimer lui aussi et bien commander. Quel prêtre formidable il aurait fait. Ne trouvez-vous pas, mon cher capitaine, qu'il a bien prêché en mourant sur la Route 44! »

Jean Rosier.
Médaille militaire. 5 citations.
Réformé 100 p. 100.

« Notre lieutenant, comme on l'aimait! Mort comme il est mort, ça dépasse l'imagination. Avec l'abbé Henry tué en première ligne, le R. P. Constant enseveli dans la boue de Verdun, l'abbé Riguet tué en bénissant les mourants à Noyon, que d'exemples à rappeler à tous ceux qui profitent de leurs sacrifices.

Frédéric Michel.
Médaille militaire. 5 citations.
5 blessures.

« Ah! je ne suis pas de ceux qu'on peut appeler croyants. J'étais même un terrible, comme on disait avant guerre, mais vraiment, je crois à des hommes comme le lieutenant Marcq : comme on a pleuré sa mort! Ceux qui disent que les prêtres n'étaient pas avec nous au feu, nous les méprisons. Car nous, les vrais Poilus, nous en avons trop vu et qui savaient se battre et mourir mieux que les autres. La mort de notre lieutenant, faut la dire à tout le monde, parce que ça c'est formidablement beau. »

Paulin CAFFIN.
Médaille militaire. 5 citations.
5 blessures.

« J'ai appelé mon fils Marc, en souvenir de mon lieutenant Marcq. Je me suis fait crever l'œil en défendant la tranchée portant son nom. On ne peut pas oublier un tel chef qui fut peut-être la plus belle figure d'officier de l'Armée française. »

Léon AYROLE.
Médaille militaire. 4 citations.
Mutilé.

« La photo du lieutenant Marcq m'a encore plus touché, moi qui l'ai vu mourir dans vos bras, pendant qu'il vous donnait encore ses ordres; ce sont des jours que l'on n'oublie pas. »

BARBEROT Pierre.
3 citations.

« J'ai reçu avec joie aussi la photo du pauvre lieutenant Marcq : c'était un père pour nous, je la conserverai longtemps et je vous en remercie bien. »

BOYER Edouard.
2 citations.

« Je viens de recevoir avec plaisir *l'Echo* et les larmes me sont venues aux yeux en reconnaissant notre cher regretté lieutenant Marcq. Les jours que nous avons passés ensemble, cher capitaine, on ne les oubliera jamais, c'est impossible. Pauvre lieutenant Marcq qui était si bon chef. »

BROSSE Alexandre.
Médaille militaire : 3 citations.

« Je suis très heureux d'avoir reçu la photo du lieutenant Marcq. C'est bien frappant comme ressemblance. Je n'ai jamais cessé de penser à lui, car c'était un cœur d'or sous une apparence rude et quelle bravoure! »

GOSSÉ Lucien.
1 citation.

« En contemplant l'image du lieutenant Marcq, nous ne pouvons qu'évoquer la mémoire d'un chef dont le nom fut sanctifié par un courage sans nom et un sacrifice sublime. Son souvenir ineffaçable reste aussi vivace en nous qu'aux premiers jours de cette perte cruelle. »

FAUQUEMONT Jean.
Médaille militaire : 2 citations.
Réformé 100 p. 100.

« C'est avec une profonde émotion que j'ai reçu le dernier numéro de *l'Echo* de la 2e, contenant la photographie de notre pauvre lieutenant Marcq. Que de souvenirs cela remue en nous et quels remerciements nous vous devons d'avoir bien voulu nous faire parvenir ce portrait qui sera une relique pour chacun de nous. »

JAMAIS Alphonse.
Médaille militaire : 4 citations.

« Mes souvenirs s'élèvent aussi vers le lieutenant Marcq qui fut un héros pour la grande cause et un ami pour ses hommes. Je me rappellerai toujours les quelques semaines qui ont précédé l'attaque du 16 avril, où il nous disait qu'il nous prouverait sa joie en nous offrant une coupe de bon vin si nous arrivions à délivrer son pays qui, en ce moment-là, était occupé par les Boches; malheureusement, il n'a pas eu le plaisir de voir cette belle chose avant de mourir. »

MÉTIVIER Louis.
2 citations.

« J'ai reçu *l'Echo* de la 2e Cie et j'ai été très heureux de voir la photographie de notre vaillant lieutenant Marcq, que je conserve, du reste, très soigneusement. Ah! oui, il fut pour nous, non pas seulement un officier, mais aussi un père de famille autant sa bonté égalait son courage et sa bravoure.

« Je me rappelle lorsque je l'ai retiré de sa tombe, avec vous d'ailleurs, quelle tristesse!! »

PORTÉ Maurice.
Médaille militaire : 4 citations.

« Permettez-moi de vous remercier de tout mon cœur de la photographie de notre cher lieutenant Marcq, son souvenir pour moi est inoubliable. »

VALLÉE Auguste.
Médaille militaire : 3 citations. — Mutilé.

LA LÉGENDE DE MARCQ

I. — *LILLE, 1914*

Dans la cathédrale très vieille et très sombre, parés pour l'holocauste, les lévites en aube de lin sont couchés sur les dalles froides du sanctuaire. Les orgues se sont tues. C'est l'heure de la prière des morts, de ceux qui meurent au monde... Et les Litanies des Saints, en suaves mélopées, voltigent entre les arceaux de pierre, emplissent les voûtes, se répandent aux pieds du Seigneur.

Et l'Evêque se lève qui bénit au nom du Père et du Fils et de l'Esprit. Clercs tonsurés, clercs minorés, sous-diacres, diacres et prêtres, transfigurés par le même ardent idéal, épris du même amour des âmes, comme sortant du tombeau, ressuscitent à la vie du Christ. Demain, ils iront, à l'exemple des Douze, arracher l'ivraie et semer le bon grain...

***

Immobile comme un bloc d'ombre, quelqu'un de ces lévites s'est attardé à prier devant une Madone de la Douleur. C'est l'Abbé Léandre Marcq...

Intelligence cultivée, volonté tenace, âme d'élite sous une écorce rude, le torse solide, le poing ferme, des yeux d'une sereine bonté dans un visage à la fois sévère et souriant, un cœur d'une tendresse touchante, Marcq, fils d'un pauvre mineur du Nord, a résolu dans l'enthousiasme de ses vingt ans de devenir prêtre.

Hier, ses cheveux sont tombés sous les ciseaux d'or de l'Evêque; aujourd'hui il a reçu les ordres mineurs; demain il fera le pas terrible du sous-diaconat; demain, volontairement pauvre, obéissant et chaste, fou de la folie de la Croix, il montera à l'autel « *Introibo ad altare Dei, ad Deum qui laetificat juventutem meam...* »

II. — *16 AVRIL 1917*

L'aube blafarde déchire l'ombre. Il est six heures. Le 1er bataillon du 4e régiment d'infanterie bondit de ses parallèles de départ. C'est l'assaut... Les obus s'acharnent sur les grappes d'hommes bleus. De la Route 44, du Bois des Boches, de Juvincourt, les mitrailleuses invisibles fauchent les rangs. La terre, le sang, la chair se mêlent effroyablement.

Plus brave qu'un Chevalier d'autrefois, le lieutenant Marcq, commandant la 2e compagnie, qui a fait passer son héroïsme dans le cœur de ses hommes, les entraîne irrésistiblement, revolver au poing, insouciant des balles qu'il méprise.

Soudain, tel un beau chêne déraciné par l'ouragan sauvage, il tombe frappé à mort. Sa poitrine se soulève horriblement trouée, sa gorge est ouverte.

« *Faites venir le sous-lieutenant Bucard.* » — Je m'agenouille près de lui : « *Mon pauvre petit Marcq!* » — « *Je vais mourir, mon petit Marcel...* » Et il incline sa tête douloureuse sur mon bras comme pour mieux se reposer. De sa gorge, de sa bouche, de ses poumons, le sang coule rouge éperdument. — « *Mais non! mon petit Marcq, tu ne peux pas mourir...* » — Ses yeux si limpides se teintent de sombre, la nuit lentement y descend, ils veulent encore sourire.

Les balles sifflent rageuses autour de nous, trouant dix fois nos capotes. Le caporal Ayrole, l'agent de liaison Jamais sont fous d'héroïsme. Tué Giboin, tué Garnet, tué Bonéty, tué Harivel, tués, tués, tués! et Denon et Fontaine et Lhomme et Villeneuve et Fraquet... Appuyé à un tronc d'arbre, les entrailles hors du ventre, Marchand, le petit gars relevé d'usine, qui a juré « *de suivre partout son lieutenant Marcq* » — fait feu, feu, feu jusqu'à son dernier souffle. Tué Guéripel, tué

Descaillot, tué Malréchauffé, tués, tués, tués! et Eymard, et Grac, et Laubie, et Garciès...

Les grands arbres du Bois des Boches s'abattent en gémissant, même les pierres de la route ont l'air de crier leur souffrance. On se bat dans cet enfer avec un enthousiasme fou, une peur atroce, un courage surhumain. Partout, on crie, on hurle, on chante, on prie, on gueule, on maudit. Le cimetière se déchire épouvanté et vomit ses cadavres que les obus assassinent une deuxième fois...

« *A boire! Marcel.* » — « *Tu veux un peu de gnôle, mon petit Marcq?* » — « *Oh! oui, j'ai soif...* » Goutte à goutte, je laisse tomber sur sa langue l'eau-de-vie qui ressort par le trou de sa gorge... Torturé, dans le vertige de sa souffrance, il saisit son chapelet. « *Je vous salue, Marie, pleine de grâce...* » Il respire avec douleur, l'air qu'il veut retenir s'échappe par ses blessures en saccades rauques comme d'un soufflet crevé, il crache de ses poumons : « *Mon pauvre petit Marcq!* »

Dans un râle, ses lèvres sanglantes collées à mon oreille il me confie : « *Prends le commandement de la compagnie et venge-moi!* » Et ses mains qui déjà se raidissent me tendent son revolver encore chaud et rouge de son sang.

Il m'embrasse et ce baiser me fait frisonner : on dirait que c'est de son âme qu'il me donne... Puis, dans un suprême effort, retenant les cris qui lui montent des entrailles, il se dresse, moribond superbe, se fait asseoir « *face aux Boches!* », refuse qu'on l'emmène, trace sur ses plaies béantes un large signe de croix et doucement, pendant que l'abbé Seng, aumônier du bataillon, enfonce dans le trou de sa gorge une parcelle d'hostie, parce que sa pauvre langue ne peut plus avaler, consent enfin à la mort...

J'arrache son revolver, je vole les cartouches de son étui; une dernière fois je contemple son corps crucifié, l'enfermant à jamais dans mon esprit et, sans une larme dans les yeux, avec quelque chose comme un sourire sur les lèvres, je bondis sur la Route : « *Faites passer que le lieutenant Marcq est tué et que le sous-lieutenant Bucard a pris le commandement de la Compagnie...* »

« *Faites passer que le lieutenant Marcq est tué...* » comme un glas la nouvelle se répète tout au long de la ligne de feu... « *En avant.* »

André s'élance, Nourry se fait trouer la tête, Brun le séminariste est déchiqueté...

*
* *

Ses yeux fixes où brille comme une dernière lueur, Marcq adossé à un tronçon de chêne semble contempler avidement l'horizon qui flamboie et ses Poilus terribles qui, baïonnette au canon, se ruent sur le Boche.

Les pertes sont cruelles... Qu'importe! La 2e veut venger son chef. Déjà presque tous les abris bétonnés de la Route 44 sont enlevés, déjà 300 prisonniers, 10 officiers dont 1 chef de bataillon sont capturés, déjà 6 mitrailleuses, 1 canon-revolver, un matériel considérable sont en son pouvoir; déjà l'encerclement du Bois des Boches se dessine qui décidera du succès de la bataille.

*
* *

Le 19 avril 1917, les survivants des compagnies se traînent vers le repos, hâves, amaigris, loqueteux, pitoyables, titubant de misères. Ceux de la 2e — combien sommes-nous? trente à peine! — vont, au cimetière de la Miette, déterrer Marcq; ils veulent arracher son corps à la menace des obus et lui donner à l'arrière une sépulture plus digne. Ils l'enroulent dans leurs capotes et malgré la fatigue qui les écrase, en pleine nuit, ils le transportent à tour de rôle sur leurs épaules, au pas, pendant 15 kilomètres, du Bois des Boches à Montigny-sur-Vesle... Durant dix jours, sans arrêt, ils ont mené assauts sur assauts, tenant leurs pauvres yeux violentés grands ouverts. Durant deux jours encore (il ferait si bon dormir!) ils recommencent à veiller leur chef, debout, impertubables comme au parapet! Ils lui font un cercueil, le conduisent à l'église et se taisent abîmés dans un silence qui est leur plus émouvante prière quand Seng transsubstantie le vin au sang du Christ. « *Le plus brave parmi les plus braves,* dira le colonel Delon sur sa tombe, *Marcq est mort en héros!* »

J'ai pleuré à sanglots ce jour-là; les trente braves qui me restaient ont pleuré eux aussi, et les fusils tremblaient dans leurs mains... Les larmes de soldat ne font pas rouiller les armes.

III. — *13 SEPTEMBRE 1917*

Le 13 septembre 1917, devant Juvincourt, la 2e compagnie occupe « la Tranchée Marcq ». Chacun, alerté à son poste de combat, guette le jour qui essaye de filtrer.

Soudain, tout le secteur gronde, fume, rugit dans tous ses coins : les Poilus ont compris! « *La 2e défend la tranchée Marcq jusqu'à la mort!* »

leur ai-je dit quelques jours auparavant. Bravant les obus, ils luttent avec une énergie farouche. Pas un Boche ne peut atteindre la tranchée Marcq! L'ennemi est cloué sur place. Son coup de main est brisé « *grâce*, dit la 1re citation collective de la 2e compagnie, *à la vigilance et à l'attitude de son personnel qui avait à cœur de défendre la tranchée portant le nom de l'Ancien Chef de compagnie, le lieutenant Marcq*... » Le général Pellé les félicite : « *La 2e a bien vengé son lieutenant!* » « *Du haut du ciel, Marcq vous regardait et vous protégeait* », dit le colonel Tissier. La Croix de Guerre est épinglée à leur fanion rouge et blanc et le maréchal Pétain, commandant en chef, les passe en revue avec la section Gouny [1], seuls de toute la 9e division devant le régiment rassemblé...

IV. — *30 SEPTEMBRE 1918*

Le 30 septembre 1918, quand fut repris à l'ennemi le cimetière de Montigny-sur-Vesle où Marcq reposait depuis 1917, je suis allé sur sa tombe avec de ses Anciens lui assurer pieusement, au garde à vous, qu'il était maintenant vengé à jamais.

1. Cie Barré-Thurion.

V

J'ai connu Marcq dès 1915. — Il était aspirant. — J'étais soldat de 2e classe. — Il avait vingt-deux ans, je n'avais pas vingt ans. Nous nous étions liés de la plus étroite et de la plus profonde des amitiés. Nous nous aimions comme deux frères.

S'étant renoncé lui-même, il concevait son devoir d'officier comme un apostolat. Il en avait mesuré et accepté toutes les rigueurs et toutes les responsabilités, conscient de son pouvoir sur soi et sur les autres. Il n'ignorait pas que pour entraîner il faut marcher en avant, que pour attiser l'héroïsme il faut être un héros. Ses hommes, il les connaissait et les aimait, attentif à exercer sans cesse vis-à-vis d'eux son rôle de guide, de protecteur et d'ami. Ils ne formaient tous ensemble qu'un corps et qu'une âme. Lui était le cœur, le chef, eux étaient les membres, ses hommes, et ils l'adoraient.

Des régions envahies, il resta sans nouvelles de sa famille de 1914 à 1917. Une de ses sœurs, pauvre réfugiée, avait été chassée de sa maison par l'ennemi avec ses petits enfants. Il allait chez elle en permission, couchait sur la paille parce qu'il n'y avait pas assez de lits... Il lui envoyait la moitié de sa solde, partageant le reste avec son jeune frère comme lui au combat et avec les plus malheureux de ses soldats, ceux des pays envahis...

Il avait accompli maints exploits dans des luttes très dures. Premier grenadier de la 3e Armée, maître au revolver, il s'était acquis la réputation d'un héros et le 4e s'honorait de le compter dans ses rangs.

Quelque temps avant de monter à l'assaut, il apprenait que sa mère avait été tuée dans un bombardement par avions anglais... Le 16 avril 1917, entrant dans la Légende, il allait la retrouver!

***

Il avait rêvé d'encens, de calice et d'hostie. La guerre donna à son rêve la plus sublime réalisation, il fut hostie et calice lui-même. Prêtre et victime, il eut un trou d'obus pour autel, de la poudre comme encens; les canons sonnèrent sa Première et Dernière Messe sanglante : « *Introibo ad altare Dei...* »

Ce furent les anges, qui l'entraînant dans la Céleste Jérusalem, boueux, déchiqueté, exsangue, lui répondirent en chœur : « *ad Deum qui laetificat juventutem meam!* »

Mais, parce que mourir en martyr c'est continuer à vivre dans les mémoires et dans les cœurs, Marcq, faiseur d'héroïsme, se survit dans la 2°.

Ayrole a l'œil crevé en défendant la tranchée Marcq... Il baptise son premier petit garçon « Marc »! Ainsi fait Philippe, ainsi fait Lorillon, ainsi font tant d'autres...

VI. — *UN JOUR QUELCONQUE D'APRÈS-GUERRE*

J'ai voulu revoir la Route où Marcq a saigné, où tant d'hommes, à sa suite, se sont allongés, tués.

Le soir tombait alangui, blême comme une chose qui souffre. La terre sentait bon, pleine de hautes herbes et de genêts d'or. Les Morts, peut-être, qui ont germé?

Le vent était plaintif dans les feuilles... Tintait une cloche, au ras des ruines, à Juvincourt, tout près.

Je me suis assis sur un tronc déchiqueté : c'est là, oui, je crois bien que c'est là que mon Ami s'est adossé pour mourir. Longuement, j'ai médité...

*
* *

L'aiguille aimantée revient toujours vers le

Nord. Nous, les vrais de la guerre, nous aimons remonter au Front. Mais en sommes-nous jamais redescendus? Là, nous sommes chez nous. Là, nous respirons large. Là, nous pouvons nous recharger l'âme à fond. Les sentiments, l'émotion indicible des heures merveilleuses et atroces ressuscitent.

Ah! comme on voudrait que la guerre pour être plus inutile, plus exécrable, plus maudite, ne fit que du mal, rien que de la laideur et du mal. Mais la guerre — pourquoi donc? serait-ce pour qu'elle paraisse séduisante aux hommes de l'arrière? — la guerre a fait de la grandeur et de la beauté!

Jamais on n'a *su* aussi pleinement, aussi *bien* vivre dans ces étranges pays du Front, parce que jamais on n'a su *aimer* aussi bien, aussi juste.

C'est le temps où le *bon* de l'homme est mis à nu — où l'on a peur moins pour soi-même que pour les autres — où l'on aime le bonheur étranger comme le sien propre. A commercer familièrement chaque jour avec la mort sur le champ de bataille, on apprend toute l'importance et la douceur enivrante de la vie. On devient inapte au banal et aux petites méchancetés. La générosité et l'héroïsme sont le pain quotidien des hommes qui défendent leur mère, la terre nourricière. C'est de ce pain que nous avons toujours faim.

*
* *

Eh! quoi, Méphisto, tu ricanes? Va! nous haïssons quand même violemment la guerre et ceux qui la provoquent ou ne savent point la prévenir (c'est la seule haine qui soit sainte), comme nous haïssons l'incendie, et ceux qui l'allument, si beaux soient les actes de sauvetage qui naissent des flammes. Mais, la douleur nous a soudés les uns aux autres comme le feu d'une forge les maillons d'une chaîne. Trois fois malheur aux impies qui la voudraient briser cette chaîne, parce que c'est la chaîne de l'amitié!

Ça, vois-tu, c'est le seul butin de notre Victoire. Essayer seulement d'y toucher, c'est profaner les os des Morts! Car les Morts forment la chaîne avec nous : dans tous les maillons, c'est le même sang qui frémit.

Arrière donc! les gâcheurs de victoire. Arrière! les briseurs d'amitié.

*
* *

Ne nous demande pas, Méphisto, si nous sommes hommes de droite ou de gauche? Ce sont mots imbéciles et d'un autre âge, celui où les Français ne savaient pas s'aimer. Pouah!

Quand durant des mois et des mois, confondus dans le même soleil et la même boue, on a saigné le même sang, hurlé la même douleur, protégé les mêmes foyers avec la même âme et sauvé la même terre, *terra patria*, on ne peut plus être le jouet de ce qui est vain, insensé, méprisable, contre le sol.

Le temps qui nous reste à vivre, nous l'avons acheté trop cher pour le perdre dans la médiocrité et la dispute. Nous ne voulons aimer et servir que les choses qui en valent la peine.

Nous avons composé à la France un visage nouveau, pur, plein d'ensorcellement. Nous ne permettrons jamais à des vieillards lépreux et gangrenés de le venir souiller!

Eh! quoi, nous ont-ils jamais demandé la couleur de nos opinions quand nous étions dans le feu, allumé par leurs mains débiles?

Va! mon petit Marcq. Dors bien doucement, à

côté de tes amis, les prêtres, qui, légions, sont morts comme toi, comme les autres, sac au dos. Autres Christs, votre chair est le meilleur levain pour la terre de France! Dors avec tes gars, ceux des usines, ceux de la terre, les humbles, les petits, si grands, si grands! (car c'est vrai que la vraie grandeur se trouve seulement chez les petits...)

Vous avez su **obéir,** *usque ad mortem.* L'obéissance multiplie la personnalité humaine. L'Etat est grand et fort où les citoyens savent obéir.

Vous avez su **aimer,** *usque ad mortem.* Rien n'est plus formidable que l'amour. L'Etat est grand et invincible où les citoyens savent s'aimer.

***

Nous vous aimons les Morts! Nous sommes vos gardiens. La magnificence vertigineuse de vos vertus — discipline, obéissance, amour, valeur morale, oubli de soi — illumine les temps nouveaux. A tous les démolisseurs, aux sans foi, aux sans patrie, nous imposerons votre loi. La France comprend qu'elle n'a pas le droit de refuser le bonheur, fait de votre chair et de vos miracles.

EPITAPHE

MARCQ!

Officier légendaire,
plus brave qu'un Chevalier de l'Ancien Temps
et qui avait su faire passer son héroïsme
dans le cœur de ses hommes.

Le 16 avril 1917,
électrisant sa compagnie,
l'a enlevée irrésistiblement
à l'assaut d'une position opiniâtrement défendue.

Tombé la gorge ouverte
et la poitrine trouée,
a confié dans un râle à l'un de ses officiers :
« *Prends le commandement de la compagnie et venge-*
[*moi!* »
S'est fait asseoir face aux Boches,
a refusé d'être emmené,
est mort comme Bayard sans peur ni reproche,
continuant de sa tombe à exalter la vaillance de sa
[troupe.

Imprimerie de J. Dumoulin, à Paris. — 8 1925.

www.ingramcontent.com/pod-product-compliance
Ingram Content Group UK Ltd.
Pitfield, Milton Keynes, MK11 3LW, UK
UKHW022003260726
13994UKWH00004B/1923